RÉUSSIR AU QUOTIDIEN

Dr Wayne W. Dyer

Traduit de l'américain
par Christian Hallé

AdA Inc.

Syntonisez Radio Hay House à www.hayhouseradio.com.

Éditeur : François Doucet
Traduction : Christian Hallé
Révision linguistique : Féminin pluriel
Révision : Nancy Coulombe, Suzanne Turcotte
Graphisme : Nancy Lizotte, Matthieu Fortin
Illustration de la couverture : Jui Ishida
Design de la couverture: Christy Salinas
Design de l'intérieur : Amy Rose Szalkiewicz
Photographie de Wayne W. Dyer : Greg Bertolini
ISBN 978-2-89565-555-8
Première impression : 2007
Dépôt légal : 2007
Bibliothèque et Archives nationales du Québec
Bibliothèque Nationale du Canada

Éditions AdA Inc.
1385, boul. Lionel-Boulet
Varennes, Québec, Canada, J3X 1P7
Téléphone : 450-929-0296
Télécopieur : 450-929-0220
www.ada-inc.com
info@ada-inc.com

Diffusion
Canada : Éditions AdA Inc.
France : D.G. Diffusion
ZI de Bogues
31750 Escalquens – France
Téléphone : 05.61.00.09.99
Suisse : Transat - 23.42.77.40
Belgique : D.G. Diffusion - 05.61.00.09.99

Imprimé au Canada
Participation de la SODEC.
Nous reconnaissons l'aide financière du gouvernement du Canada par l'entremise du Programme d'aide au développement de l'industrie de l'édition (PADIÉ) pour nos activités d'édition.
Gouvernement du Québec - Programme de crédit d'impôt pour l'édition de livres - Gestion SODEC.

Catalogage avant publication de Bibliothèque et Archives Canada

Dyer, Wayne W.

Réussir au quotidien
Traduction de: Everyday wisdom for success.
ISBN 978-2-89565-555-8
1. Succès - Citations, maximes, etc. 2. Morale pratique - Citations, maximes, etc. I. Titre.

BJ1611.2.D9314 2007 158 C2006-942020-3

À mon fils, Shane, qui a su mettre en pratique ces principes dans sa vie. Je suis si fier de toi.
Je t'aime.

Courir après la réussite, c'est un peu comme tenter de presser de l'eau entre vos mains. Plus vous serrez fort, moins il vous en reste. Quand vous passez votre temps à courir, votre vie devient une course qui vous rend esclave du désir de toujours en vouloir plus.

Si vous refusez de quitter un emploi qui vous déplaît, la seule chose sensée à faire est de vous exercer tous les jours à l'aimer davantage.

Profitez de la vie, mais assurez-vous que votre bonheur et votre réussite ne dépendent jamais de votre attachement à une personne, à un lieu ou à une chose.

En faisant constamment allusion à vos luttes passées, en les utilisant comme excuses pour ne pas aller de l'avant, vous accusez le passé d'être responsable de votre incapacité actuelle à connaître le succès et à vivre heureux.

Plus vous ressemblerez à la personne que vous voulez devenir et plus vous agirez comme si vous aviez déjà ce que vous désirez obtenir, plus vous mettrez à profit ces ressources inexploitées qui vous aideront à transformer vos rêves en réalité.

Quand vous aurez acquis
la certitude que rien n'est
impossible, vous obtiendrez
tout ce que vous désirez.

Tandis que vous vaquez
à vos occupations
quotidiennes, vous avez
parfaitement le droit de faire
ce que vous voulez, pourvu
que vous n'empêchiez
personne d'en faire autant.

L'échec est un jugement de valeur, une opinion qui se nourrit de vos peurs. Mais vous pouvez les chasser : en vous aimant vous-même, en aimant ce que vous faites, en aimant les autres et en aimant votre planète.

Faites un effort supplémentaire pour acquérir ce que vous désirez attirer dans votre vie et partager avec les autres.

Sachez que la réussite et la paix intérieure sont des droits inaliénables ; que vous êtes un enfant de Dieu ; et qu'en tant que tel, vous avez droit à une vie remplie d'amour, de joie et de bonheur.

On ne peut pas vouloir plaire à tout le monde et vivre constamment selon des règles édictées par d'autres, et en même temps être heureux et réussir dans la vie.

Dites merci pour tout ce que vous êtes et tout ce que vous avez ; c'est la première chose à faire pour se débarrasser d'une mentalité axée sur le manque.

Consacrez de plus en plus d'énergie à ce que vous avez l'intention de manifester dans votre vie, et vous verrez ces intentions se matérialiser petit à petit.

Répandez l'amour et l'harmonie autour de vous, assurez-vous que votre esprit et votre corps sont dans un état de quiétude, puis laissez l'Univers faire ce qu'il sait faire à la perfection.

Il était nécessaire de vivre toutes les expériences que vous avez vécues pour vous rendre à l'étape suivante, puis à la suivante, jusqu'au moment présent.

Ne faites pas dépendre votre estime
de vous-même de votre habileté à
faire certaines choses dans la vie.
Vous n'êtes pas ce que vous faites.
Si vous êtes ce que vous faites, alors
quand vous ne faites rien…
vous n'êtes rien.

La plupart des gens cherchent le bonheur à l'extérieur d'eux-mêmes. C'est une erreur fondamentale. Le bonheur, c'est quelque chose que vous *êtes*, qui découle de votre façon de penser.

N'oubliez jamais que
faire ce que l'on aime
est la pierre angulaire
d'une vie réussie.

Vous pouvez revoir vos habitudes de penser de façon à ne plus jamais avoir de pensées négatives. Vous, et vous seul, choisissez vos pensées.

Quand vous aurez atteint un certain seuil de tranquillité d'esprit et d'estime de vous-même, plus personne ne pourra vous manipuler ou vous exploiter.

Vous avez la maîtrise de vos émotions. Vous n'êtes pas obligé de piquer une colère chaque fois que quelqu'un décide de se comporter de manière agressive ou vindicative.

Quand l'opinion des autres vous empêche d'agir, vous leur dites : « L'opinion que vous avez de moi est plus importante à mes yeux que la mienne. »

Personne ne peut créer de la négativité ou du stress en vous. *Vous* seul le pouvez, en vertu de la façon dont vous appréhendez votre monde.

Soit vous avez la maîtrise d'une situation, soit vous ne l'avez pas. Si vous l'avez, agissez. Si vous ne l'avez pas, ne gaspillez pas votre énergie à vous faire du souci.

Vous pouvez demeurer éternellement recroquevillé dans un coin, pleurer sur vos mauvaises actions, vous sentir coupable jusqu'à votre mort, mais cela ne changera jamais rien à votre passé.

L'un des sommets de
l'existence consiste à
se libérer de l'opinion
des autres.

Si vous souffrez présentement,

je peux vous garantir que

cette souffrance est liée à un

attachement quelconque à la

façon dont les choses

devraient se passer.

Quand vous argumentez pour défendre vos limites, vous obtenez en retour uniquement ces mêmes limites.

Les gens qui n’ont pas de limites sont si responsables d’eux-mêmes qu’ils peuvent faire confiance à leurs instincts, se conduire comme des enfants, être créatifs et faire tout ce qui leur semble raisonnable.

Vous êtes l'associé de tous les autres êtres humains. La vie n'est pas une compétition où certains sont jugés meilleurs ou pires que les autres.

Le pardon est l'outil le plus puissant dont vous disposez. Si vous êtes incapable d'apprendre à pardonner, vous ne connaîtrez jamais le véritable succès dans la vie.

Être détendu, en paix avec soi-même, confiant, émotionnellement équilibré, décontracté et en mouvement libre : voilà ce dont vous avez besoin pour réussir dans tout ce que vous entreprenez.

Vous serez toujours un être humain précieux et important – non pas parce que les autres le disent ou parce que vous gagnez beaucoup d'argent – mais parce que vous en êtes *convaincu*.

Plus vous ferez preuve
de bonté envers vous-même,
plus vous ferez preuve de
bonté envers les autres sans
même y penser.

Avez-vous déjà remarqué comme il est difficile de se disputer avec quelqu'un qui n'est pas obsédé par l'idée d'avoir toujours raison ?

Votre âme – cet espace de quiétude intérieur – est à votre disposition chaque fois que vous sentez le besoin de la consulter. Elle vous indiquera toujours la bonne direction.

Quand vous croyez
en vous-même et que vous êtes
conscient de la nature divine
de votre âme, vous devenez
automatiquement un être
capable de connaître
le succès.

Personne ne peut vous
donner le cafard.
Personne ne peut vous
rendre anxieux.
Personne ne peut vous
blesser dans votre orgueil.
Personne ne peut rien contre
vous à moins que vous ne
l'acceptiez en vous.

Soyez toujours conscient de l’importance de servir Dieu et les autres dans toutes vos actions.

Avoir un plan menant
à la réussite n'est pas
forcément quelque chose
de malsain, mais tomber
amoureux avec ce plan
est un véritable signe
de névrose... Ne laissez
jamais votre plan devenir
plus important que
vous-même.

Dieu vous a accordé le droit de réussir. Aux yeux de votre Créateur, personne sur cette planète ne vaut mieux que vous.

Se sentir coupable de ce
qui est arrivé et s'inquiéter
de ce qui pourrait arriver
sont les deux émotions les
plus futiles que vous pouvez
ressentir au cours
de votre vie.

Pourquoi ne pas dresser la liste des choses que vous n'avez jamais faites et les faire simplement pour cette raison et aucune autre ?

Avoir un but dans la vie, ce n'est pas quelque chose que l'on trouve ; c'est quelque chose que l'on est. La vérité, ce n'est pas quelque chose que l'on cherche ; c'est quelque chose que l'on vit.

Vous créez vos pensées, vos pensées créent vos intentions, et vos intentions créent votre réalité.

La personne qui vous
regarde dans le miroir
est celle à qui vous devez
chaque jour rendre
des comptes.

Arrêtez de penser à ce que vous n'avez pas et prenez conscience de tout ce que vous avez déjà.

L'état de votre vie n'est rien de plus que le reflet de votre état d'esprit.

Si vous voulez donner un sens plus profond à votre vie, vous ne trouverez pas la réponse dans les opinions et les croyances que l'on vous a transmises. Vous devez pour cela entrer en vous-même.

Tout ce qui vous agace est lié à un problème interne. *Vous* seul pouvez en faire l'expérience, et *vous* seul pouvez le corriger.

Vous possédez un esprit
puissant pour lequel rien
n'est impossible tant que
vous demeurez concentré
sur l'essentiel.

Il n'y a pas de stress dans
le monde qui vous entoure,
seulement des personnes
ruminant des pensées
stressantes.

La vie n'est jamais
ennuyeuse, mais certaines
personnes choisissent
de s'ennuyer…
L'ennui est un choix.

Si vous désirez avoir confiance en vous, mais que vous vous comportez en général comme quelqu'un qui doute de lui, agissez aujourd'hui même, ne serait-ce qu'une seule fois, comme vous croyez qu'une personne sûre d'elle-même agirait.

Essayez de tirer des leçons du passé au lieu de le répéter et d'y faire constamment allusion.

On ne peut pas plaire à tout le monde. En fait, si vous arrivez à plaire à 50 % des gens, vous vous en tirez plutôt bien.

Rappelez-vous que toutes les
choses que vous avez
vécues ont contribué
à vous mener là où
vous êtes aujourd'hui.

Vous découvrirez un jour que tout ce que vous devez posséder finit par vous posséder. Fait amusant, quand on décide de ne plus y tenir, on obtient ces choses de plus en plus facilement.

Si vous voulez trouver quel est votre véritable but dans la vie, n'oubliez jamais ceci : vous découvrirez votre but uniquement en vous mettant au service des autres et en tissant des liens avec quelque chose de beaucoup plus grand que votre corps, votre esprit et votre ego.

Ne laissez pas l'approbation et l'attention des autres vous détruire. Restez humble et reconnaissant pour tout ce que vous avez accompli, et sachez qu'une force supérieure à celle de votre ego est toujours à l'œuvre dans votre vie.

Engagez-vous à vous respecter vous-même et à vous sentir digne de ce que l'Univers a à vous offrir.

Traitez les autres et
traitez-vous vous-même
avec bonté, quand vous
mangez, bougez, jouez,
travaillez, aimez, et
tout le reste.

Afin d'obtenir ce que
vous désirez, surveillez
votre monologue intérieur
et assurez-vous que vos
pensées correspondent à ce
que vous avez l'intention
de créer.

La vérité est que si l'un d'entre nous réussit, nous réussissons tous.

Ce qui vous offense vous affaiblit. En étant offensé, vous générez une énergie destructrice identique à celle de la chose qui vous a offensé : transcendez donc votre ego et préservez votre quiétude.

L'ascenseur qui mène au succès est aujourd'hui hors service. Vous allez devoir prendre l'escalier et gravir les marches une à la fois.

Libérez-vous du besoin de
votre ego d'avoir toujours raison.
Quand vous vous disputez avec
quelqu'un, demandez-vous :
« Est-ce que je veux avoir raison
ou être heureux ? »

Soyez reconnaissant d'avoir reçu le merveilleux don de servir le genre humain, votre planète et votre Dieu. Voilà une excellente raison d'être reconnaissant !

Personne ne peut vous contrarier sans votre consentement, donc si vous mettez en pratique votre intention d'être authentique et en paix avec *tout le monde*, vous serez en contact avec la paix elle-même.

Si on vous bouscule, c'est parce que vous envoyez des signaux disant que vous acceptez d'être bousculé.

Un but, ce n'est pas quelque
chose que l'on trouve. C'est
quelque chose qui vous trouve.
Et il vous trouvera uniquement
quand vous serez prêt,
et pas avant.

Ce magnifique Univers est pour nous un pourvoyeur d'abondance quand nous sommes dans un état de gratitude.

Agissez *comme si* ce que vous aviez l'intention de manifester dans votre vie était déjà une réalité. Éliminez toute pensée posant des conditions et des limites, ainsi que la possibilité que rien ne se manifeste.

Déterminez ce que vous croyez être impossible, puis changez vos croyances.

Il est possible de connaître
l'abondance et le succès
quand nous sommes
détachés des choses que
nous désirons, quand nous
les laissons venir à nous ;
et *à travers* nous.

Toutes les choses que vous possédez sont là pour vous servir, et non pour que vous soyez à leur service.

Vous ne pouvez espérer attirer dans votre vie des gens bons, confiants et généreux si vous pensez et agissez de manière cruelle, laxiste et égoïste. Vous devez mettre de l'avant ce que vous désirez attirer.

Sachez que tout viendra au bon moment, au bon endroit, et en compagnie des bonnes personnes.

Les qualités d'un esprit créatif et génial sont en vous, attendant patiemment que vous preniez la décision de puiser dans le pouvoir de l'intention.

Toutes vos pensées ont un impact sur vous. En chassant les pensées qui affaiblissent pour les remplacer par des pensées qui renforcent, vous faites augmenter la fréquence vibratoire de votre énergie et vous renforcez votre champ d'énergie immédiat.

Certaines personnes croient vivre dans le manque parce qu'elles sont malchanceuses, au lieu de se rendre compte que leur système de croyances est ancré dans une pensée de manque.

Vous ne pouvez pas toujours être le numéro un, gagner tous les concours, recevoir constamment des médailles ou figurer au tableau d'honneur, mais vous *pouvez* en tout temps vous considérer comme une personne importante et méritoire.

L'estime de soi vient du soi,
et non de nos possessions ou
de l'approbation des autres.

Ce n'est pas ce qui est disponible ou indisponible qui détermine votre taux de réussite et votre bonheur, c'est ce dont vous êtes convaincu de la véracité.

Ayez toujours en tête une image claire de ce que vous voulez accomplir, et refusez de voir cette intention disparaître.

Engagez-vous vraiment à
faire ce que vous aimez et à
aimer ce que vous faites
dès aujourd'hui.

L'alcool, comme toutes les autres drogues légales ou non, fait baisser votre niveau d'énergie et vous affaiblit. En vous éloignant de ces substances, vous parviendrez à atteindre le niveau de réussite dont vous rêvez.

Ralentissez la cadence et

profitez de tout ce qui

vous entoure.

Rendez service de façon anonyme, sans rien attendre en retour, pas même un merci. L'Esprit universel omnipotent répond aux actes de bonté en demandant : « Que puis-je faire pour vous être agréable ? »

Ce que vous pensez de vous-même est le facteur le plus révélateur pour ce qui est de déterminer votre niveau de réussite et de bonheur.

Les choses auxquelles vous pensez prennent de l'expansion. Si vous pensez constamment aux choses que vous n'avez pas, ce que vous n'avez pas prendra, par définition, de plus en plus de place dans votre vie.

Vous pouvez améliorer tous les aspects de votre vie si vous apprenez à visualiser efficacement ce que vous voulez tout en ayant l'intention de le manifester.

Les gens qui aiment s'apposer des étiquettes déclarent au monde entier : « Je suis un produit fini dans ce domaine, et je ne changerai jamais. » Si vous êtes un produit fini, tout emballé et prêt à être rangé sur une étagère, vous avez cessé de grandir.

Si vous croyez devoir toujours être ce que vous avez toujours été, vous argumentez contre votre croissance personnelle.

Pour connaître le succès
dans tous les domaines,
apprenez à apprécier tout ce
que vous êtes et tout ce que
vous avez la chance d'avoir.

La peur de l’échec devient la peur du succès pour ceux qui n’essaient jamais rien.

Si un problème survient,

rentrez en vous-même.

Demeurez en silence, et

vous trouverez la réponse

en vous.

Soyez conscient du fait que plus vous rattachez votre valeur et votre humanité à des choses qui sont à l'extérieur de vous, plus vous donnez à ces choses le pouvoir de vous dominer.

Songez que toutes les expériences que vous avez vécues, ainsi que toutes les personnes qui ont joué un rôle dans votre vie, vous ont été envoyées afin que vous en tiriez avantage. Dans cet Univers, rien n'arrive par accident.

L'argent – comme la santé, l'amour, le bonheur et les autres domaines où vous souhaitez avoir du succès – est le résultat d'une vie orientée vers un but, et non le but lui-même.

Essayez, vous ne pouvez pas échouer, mais seulement produire certains résultats.

Au moment d'entreprendre une activité, assurez-vous de projeter un haut niveau d'optimisme, de confiance, d'appréciation, de joie et d'amour.

Une fois que vous aurez pris l'habitude d'aborder vos problèmes en vous fixant tous les jours des objectifs modestes et couronnés de succès, vos problèmes disparaîtront d'eux-mêmes.

Si quelqu'un vous traite d'une façon qui vous déplaît ou qui vous ravale au rang de victime, posez-vous la question suivante : « Qu'ai-je fait pour montrer à cette personne que je suis prêt à tolérer ce genre de comportement ? »

Le recours à l'imagerie mentale est l'une des stratégies les plus puissantes et les plus efficaces pour faire advenir quelque chose.

Faire ce que l’on aime
est la pierre angulaire
d’une vie vécue dans
l’abondance.

Prenez le temps d'être en silence et de répéter le son de Dieu comme un mantra intérieur. La méditation vous permet d'entrer consciemment en contact avec votre Source et de connaître du succès dans tous les domaines.

Irradiez une énergie de sérénité et de paix afin d'avoir un effet édifiant sur ceux qui entrent en contact avec vous. En votre présence, les gens se sentiront aussitôt calmes et sûrs d'eux-mêmes.

Vous n'êtes ni ce que vous faites ni ce que vous possédez ; vous êtes un être divin et infini portant le masque d'une personne qui a réussi et accumulé une certaine quantité de biens matériels. *Vous n'êtes pas la somme de ces biens matériels.*

Réussir, ce n'est pas gagner beaucoup d'argent. La personne qui réussit est celle dont toutes les activités sont couronnées de succès. L'argent n'est qu'une conséquence parmi tant d'autres.

Avez-vous déjà pensé que

vous êtes la somme de toutes

les décisions que vous avez

prises jusqu'à maintenant ?

Le bonheur et la réussite sont des processus internes auxquels nous donnons vie en les mettant en branle, et non quelque chose qui nous attend « à l'extérieur ».

Si vous vivez dans
le manque, l'angoisse, la
dépression, l'absence d'amour, si
vous êtes incapable d'attirer ce
que vous désirez dans votre vie,
examinez sérieusement de quelle
façon vous êtes responsable de
ces circonstances.

Si vous poursuivez la carrière professionnelle que vous avez choisie lorsque vous étiez jeune, posez-vous la question suivante : « Est-ce que je demanderais aujourd'hui à un adolescent de me conseiller au sujet de ma carrière ? »

Dans les affaires comme dans la vie privée, plus vous forcez le cours des choses pour votre propre avantage, moins vous profitez de ce que vous recherchez si désespérément.

Le chemin qui mène à la vue d'ensemble est différent pour chacun, mais il est indispensable de comprendre qu'il y a effectivement une vue d'ensemble.

Si vous ne voyez chez les autres que leurs échecs, vous devriez réfléchir à ce que *vous* attirez vous-même dans votre vie.

Certaines personnes vivent soixante-dix ans, d'autres vivent soixante-dix fois la même année, répétant sans cesse ce qu'elles ont toujours fait dans l'espoir de recevoir une montre en or ou je ne sais quoi.

Libérez-vous de votre besoin de vous sentir supérieur en prenant conscience de la présence de l'Esprit en chacun d'entre nous. N'abordez pas les gens en fonction de leur apparence, de leurs réalisations ou de leurs possessions. *Nous sommes tous égaux aux yeux de Dieu*.

Choisissez de fréquenter des gens qui vous donnent envie de prendre votre vie en main, qui voient de la grandeur en vous, qui se sentent en contact avec Dieu, et qui mènent une vie dénotant que l'Esprit a trouvé chez eux une raison de célébrer.

Les gens qui réussissent ont appris à *penser en commençant par la fin*, c'est-à-dire à faire l'expérience de leur intention avant qu'elle ne se manifeste sous forme matérielle. Et vous pouvez en faire autant.

Souvenez-vous de cette maxime : *Quand vous changez votre façon de voir les choses, les choses que vous voyez changent.* La façon dont vous percevez les choses qui vous entourent est un outil extrêmement puissant qui vous permettra d'obtenir tout ce que vous désirez.

Il n'y a pas de *chemin* menant au succès ; le succès est une attitude qui transpire dans tout ce que vous faites.

Sachez que l'abondance dont vous rêvez est déjà présente dans votre vie. Vous n'avez plus qu'à puiser en elle.

Même si vous ignorez ce que vous devez faire ou quelle est votre mission, vous devez quand même vous exercer à créer cette vision.

Si vous n'avez pas confiance en vous, bougez-vous l'arrière-train et faites n'importe quoi pourvu que cela vous donne le sentiment d'avoir accompli quelque chose.

Si vous vous exercez à
garder votre sang-froid, en vous
rappelant que le comportement
des autres leur appartient et qu'il
ne peut vous contrarier à moins
que vous n'acceptiez de l'être, vous
cesserez alors d'être une
cible involontaire.

Le contraire du courage
n'est pas tant la peur
que le conformisme.

Pourquoi ne pas voir votre vie comme le dévoilement d'un plan à l'élaboration duquel vous avez participé avant même votre arrivée ici-bas ? Ce faisant, vous cesserez de blâmer les autres et les circonstances pour devenir responsable et porteur d'une mission.

Pour attirer la prospérité dans votre vie, vous devez procéder comme vous le feriez pour n'importe quelle autre chose : vous devez vous en détacher et ne pas lui donner le pouvoir de vous dominer.

Au fil des jours, écoutez ces signaux internes qui vous aident à prendre les bonnes décisions, quoi qu'en pensent les autres.

La coopération et l'amour adoucissent tous les angles dans ce monde.

Quelle que soit votre position actuelle, vous avez signé un contrat spirituel pour faire de la joie votre fidèle compagne. Sachez que vous n'avez pas à vivre une vie où la joie n'a pas sa place.

Si vous trébuchez, cela ne veut pas dire que vous voulez moins qu'un autre. Cela veut tout simplement dire que vous avez quelque chose à apprendre de ce faux pas.

Les gens hautement fonctionnels disent : « Je suis bien là où je suis, mais je peux encore grandir. »

Croyez que vous pouvez obtenir tout ce que vous souhaitez, et que vous recevrez l'aide dont vous aurez besoin tant que vous garderez le cap.

Faites l'inventaire de ceux qui se sont avérés une force négative dans votre passé, et tâchez de voir si leurs actions n'ont pas été une bonne chose, en fin de compte.

Même si vous êtes dans le caniveau, vous êtes toujours libre d'admirer les étoiles.

En vous exerçant à exprimer votre vérité sans blesser les autres et sans arrogance, vous reprendrez contact avec l'énergie dont vous êtes issu.

Si vous avez l'intention de faire une différence dans le monde, vous apprendrez assez tôt qu'il ne faut pas suivre le troupeau.

Dites-vous que tous ceux qui entrent dans votre vie ont quelque chose à vous apprendre.

Vous devez voir au-delà de la réussite et de l'échec, car ce ne sont que des jugements de valeur. Engagez-vous dans le processus et laissez l'Univers s'occuper des détails.

Si vous êtes dépendant d'une substance nuisible, si vous avez tendance à trop manger, ou même à vous aplatir devant les autres, écoutez cette voix intérieure qui vous supplie d'être grand plutôt que petit, puis corrigez la situation.

Si vous jouez au jeu de la vie, sachez que vous connaîtrez quantité de victoires et de défaites, quelle que soit l'étendue de votre talent.

Travailler en réseau est
une solution infaillible et
un outil puissant, car vous
créez sans cesse de nouvelles
sources d'énergie, de façon
exponentielle.

Sachez que Dieu ne vous enverra rien que vous ne pouvez supporter. Dites-vous que vos *peurs* ne sont que de fausses évidences ayant l'apparence de la réalité.

Rappelez-vous régulièrement que vous êtes ici pour une raison, et que ce n'est pas pour accumuler des tonnes de biens matériels.

Quand vous êtes en paix avec votre vie, quand vous êtes plongé dans un état de sérénité, vous émettez une vibration énergétique qui influence toutes les créatures vivantes, y compris les plantes, les animaux, et même les bébés !

Avant d'ouvrir la
bouche, rappelez-vous que
les gens respectent ceux
qui sont prêts à affirmer ce
qu'ils tiennent pour vrai...
et encore plus ceux qui
vivent selon ces vérités.

Si vous vous retrouvez
dans une situation
difficile au travail,
changez d'attitude et
de perspective... et
vous verrez, les choses
tourneront pour le mieux.

Tous ceux qui entrent et
sortent de votre vie font partie
de votre expérience divine.
Alors remerciez tous ces gens,
et tenez compte de ce qu'ils
vous ont apporté.

Modifiez vos attentes quant à vous-même : espérez le meilleur, espérez avoir de la chance, et espérez un miracle !

Penser à ce que vous avez été ou aux erreurs que vous avez commises par le passé est un obstacle à une vie couronnée de succès. Dans un Univers infini, n'ayant ni commencement ni fin, il n'y a pas de passé.

Tâchez de ne plus évaluer ce que vous avez, ce que vous faites et ce que vous dites en termes financiers. Écoutez votre cœur, et vous vivrez dans la joie au lieu de passer votre temps à vous demander si quelque chose est rentable ou non.

Vos entraves au succès sont définies par ce que vous considérez être possible et impossible. Modifiez cette perception et vous verrez ces entraves se dissoudre d'elles-mêmes.

L'estime de soi ne passe pas par les autres. Vous avez de la valeur en tant que personne parce que vous affirmez avoir de la valeur. Si votre estime de vous-même dépend de l'opinion des autres, ce n'est plus de l'estime de « soi » ; c'est de l'estime des « autres ».

Cessez de blâmer votre conjoint si vous êtes malheureux, vos parents si vous manquez de motivation, l'économie si votre situation financière est difficile, votre enfance si vous avez des phobies, et toutes ces autres causes extérieures auxquelles vous adressez des blâmes. Vous êtes le résultat des choix que *vous avez* faits au cours de votre vie.

Pour gagner à tous les coups, vous devez abandonner la notion qu'une défaite fait de vous un perdant.

Si vous êtes attaché à ce qui *aurait* dû être au lieu de ce qui est, vous serez malheureux toute votre vie.

Vivre dans l'abondance, c'est savoir que vous avez déjà tout ce dont vous avez besoin pour être heureux, puis être capable de célébrer chaque moment passé sur terre.

Quand vous *saurez* au lieu de *douter*, vous découvrirez les habiletés dont vous avez besoin pour accomplir votre mission.

La prochaine fois que l'opinion des autres vous rendra nerveux, imaginez que vous les regardez dans les yeux et que vous leur dites : « Ce que vous pensez de moi ne me regarde pas. »

Avez-vous remarqué que certaines personnes n'en ont jamais assez, alors que d'autres sont toujours satisfaites ?

L'attitude gagnante est celle qui vous permet de vous considérer tout le temps comme un gagnant tout en vous laissant suffisamment d'espace pour grandir.

Demeurez un éternel étudiant en demeurant ouvert d'esprit et prêt à apprendre de tout un chacun.

Faites de la coopération et du service la règle d'or de toutes vos transactions d'affaires.

Vous partez à la conquête
du monde en étant celui ou
celle que vous avez choisi
d'être ; certaines personnes
l'apprécieront, d'autres en
prendront ombrage.
C'est ainsi.

Vous avez le pouvoir d'être tout ce que vous voulez. Fixez-vous des objectifs, et sachez que vous deviendrez ce à quoi vous pensez.

Vous êtes unique au monde.

Vous n'êtes pas ce que
vous faites, alors ne
confondez pas ce que vous
êtes avec votre travail ou vos
accomplissements.

Même si vous vous sentez appelé à faire quelque chose qui pourrait vous sembler absurde, cet appel est authentiquement vôtre. Il est impératif que vous écoutiez et agissiez conformément à votre inspiration, quoi qu'en pensent les autres.

Vous comprendrez un jour que la peur de ne pas en *avoir* assez empêche bien des gens de voir qu'ils *son*t déjà tout ce dont ils ont besoin.

Puisque l'Univers
fonctionne selon la loi de
l'attraction universelle, quand vous
dites : « J'en veux plus, j'en veux
plus, j'en veux plus », celui-ci vous
répond sur le même ton. Mais
si vous dites : « Je veux partager
avec les autres », l'Univers vous
répondra : « Je veux partager
avec vous. »

Vous vous sentez embourbé seulement si vous décidez qu'il en est ainsi. Décidez autrement.

Faites la paix avec le silence, et rappelez-vous que c'est dans cet espace que vous vous souviendrez de votre esprit. Quand vous serez parvenu à transcender votre aversion pour le silence, vous transcenderez également plusieurs autres souffrances.

En tournant le dos aux exploits et à l'accumulation de biens matériels, vous vous donnez le droit d'être guidé dans la bonne direction.

Soyez toujours prêt à voir la force divine partout où vous allez, chez tous les êtres vivants. Soyez conscient de la façon dont cette force vous a comblé et continuera à vous combler de bienfaits au cours de votre vie.

Observez vos pensées, et
notez si elles vous entraînent
dans la mauvaise direction.
Vous pouvez, si vous en faites
consciemment l'effort, effectuer
un demi-tour et repartir avec de
nouvelles pensées.

Quelque chose qui vous empêche de grandir ne mérite pas d'être défendu.

Votre réputation est entre
les mains des autres. Une
réputation n'est pas autre
chose. Vous ne pouvez rien
y faire. Votre caractère est la
seule chose sur laquelle vous
avez de l'emprise.

Dans presque tous

les domaines de l'existence,

plus vous donnez,

plus vous recevez.

Avant d'entreprendre votre journée, passez quelques moments avec Dieu durant la matinée. Profitez de cette période pour réfléchir, vous sentir en paix avec vous-même, et surtout, pour exprimer votre gratitude.

Choisissez de vous lier avec des gens qui ont du succès. Mais pour cela, vous devez d'abord identifier ceux qui sont inspirés et qui vous inspirent, ceux qui ont su s'élever au-dessus de leur ego et des vanités de ce monde.

Faites preuve de générosité à l'improviste, de préférence envers une personne que vous ne connaissez pas, tous les jours pendant deux semaines. Plus vous vous exercerez à être généreux, plus vous aurez un impact positif sur les autres.

Soyez reconnaissant envers
tous ceux qui vous ont
dit non, car grâce à eux,
vous avez appris à vous
débrouiller seul.

Lorsqu'une idée est mûre, rien ne peut l'arrêter. Et l'inverse est aussi vrai : on ne peut créer des idées dont le temps n'est pas encore venu.

Lorsque vous vous retrouvez dans une situation difficile, demandez-vous : « Est-ce que je fais partie de la solution ou du problème ? »

Quand vous revenez sur vos années passées, sachez que vous n'avez échoué dans aucun domaine. L'échec n'est qu'une idée dans votre esprit.

La plus grande forme d'ignorance consiste à rejeter quelque chose dont vous ne savez rien.

Sachez que pour tout geste apparemment malveillant, on compte des millions d'actes de bonté. Concentrez votre attention sur ces derniers, et non sur les premiers.

Soyez conscient que tout ce qui vous immobilise, entrave votre développement ou vous empêche d'atteindre vos buts est entièrement vôtre. Vous pouvez vous en débarrasser au moment où vous le déciderez.

Rappelez-vous que si vous êtes capable de concevoir quelque chose dans votre esprit, vous pouvez l'introduire dans le monde matériel.

Si vous n'arrivez pas
à aligner vos pensées sur le
succès dont vous êtes capable,
le poids de vos pensées
dominantes fera pencher la
balance du mauvais côté.

Chaque moment passé
à être fâché, désespéré,
angoissé, en colère
ou blessé à cause du
comportement d'un
proche est un moment au
cours duquel vous n'avez
plus la maîtrise de votre
propre vie.

Dans la vie, les deux émotions les moins nécessaires sont la culpabilité et l'inquiétude.

L'échec est un jugement de valeur imposé par les autres.

Avez-vous déjà songé
qu'un risque n'est rien de
plus qu'une pensée que
vous croyez impossible à
mettre en pratique ?

Chaque pensée de frustration
est un billet donnant droit à
encore plus de frustration.
Chaque pensée qui reflète l'idée
que vous êtes embourbé est une
demande adressée à l'Univers
pour qu'il vous envoie encore
davantage de cette colle qui
vous empêche d'avancer.

Engagez-vous à penser à ce que vous voulez plutôt qu'à l'impossibilité ou à la difficulté apparente de vos rêves.

Si vous êtes obsédé par l'idée de défaire vos adversaires et de gagner à tout prix, vous êtes condamné à attirer dans votre vie l'équivalent « vibrationnel » de vos pensées, même si vous faites du yoga tous les jours en chantant des mantras !

N'oubliez jamais
qu'un obstacle est un test *et*
une occasion à saisir.

Vous devez apprendre à créer une équivalence entre ce que vous désirez et les pensées ou l'énergie que vous avez choisies pour attirer ces désirs.

On change une habitude

en adoptant un nouveau

comportement, et cela vaut

également pour les

habitudes mentales.

Au lieu de faire le décompte de tout ce qui va mal dans le monde, lancez-vous dans une envolée appréciative et faites des commentaires positifs chaque fois que vous en avez la chance.

Les occasions ne manquent pas de gagner sa vie en faisant quelque chose qu'on aime. Ce qui manque, c'est la détermination qui rendrait la chose possible.

Prenez la décision consciente de chercher ce qu'il y a de meilleur et d'agréable chez les autres. Choisissez d'ignorer les stéréotypes et refusez de vous engager dans une conversation où il est question de juger quelqu'un d'autre.

Si vous êtes capable d'imaginer que vous avez du succès dans un domaine, vous en aurez. Rien de ce que vous pouvez imaginer en esprit n'est impossible.

Si vous êtes convaincu d'être ici-bas pour une raison bien précise, vous devriez cultiver l'énergie qui correspond à ce rêve. Votre situation financière actuelle est sans importance lorsqu'il est question de la poursuite de cet objectif.

Vous ne devez jamais oublier que vous êtes une partie divine de Dieu. En ayant le sentiment de ne pas être digne de l'abondance de Dieu, vous reniez en fait votre essence spirituelle.

Imaginez que vous
vivez déjà dans la prospérité,
même si cela tarde à se
matérialiser.

Si vous pensez être malchanceux, modifiez vos attentes. Plutôt que d'attirer des choses dont vous ne voulez pas, faites tout votre possible pour maintenir un équilibre entre vous et vos désirs.

Il y a des limites à la croissance matérielle, mais il n’y a pas de limites à l’instruction.

Sachez dans votre cœur
que vous n'avez besoin de rien
de plus pour être complet, et
vous verrez toutes ces choses
extérieures devenir de moins en
moins importantes.

Avancez avec confiance sur la
route qui mène à vos propres
rêves et à la vie que vous avez
rêvé de vivre. Alors, vous
aurez du succès.

Si vous pouvez le

concevoir en rêve, vous

pouvez en faire

une réalité.

Quel que soit le domaine dans lequel vous voulez réussir, vous le pouvez – quel que soit le domaine !

Au sujet de l'auteur

Le Dr Wayne W. Dyer est un auteur et un conférencier de renommée internationale dans le domaine du développement de la personne. Il a publié vingt-huit livres, produit de nombreux enregistrements audio et vidéo, et participé à des milliers d'émissions de radio et de télévision. Plusieurs de ses ouvrages ont fait l'objet d'émissions spéciales présentées sur le réseau national de télévision publique.

Le Dr Dyer détient un doctorat en consultation éducationnelle de la *Wayne State University* et a été maître de conférence à la *St. John's University* de New York.

Adresse Web :
www.DrWayneDyer.com

Des livres AdA qu'on écoute !

Autres livres de l'auteur chez AdA

Pour obtenir une copie
de notre catalogue,
communiquez avec :
1385, boul. Lionel-Boulet
Varennes, Québec
J3X 1P7
Téléc : (450) 929-0220
info@ada-inc.com
www.ada-inc.com
Pour l'Europe, voici les coordonnées :
France : D.G. Diffusion Tél. : 05.61.00.09.99
Belgique : D.G. Diffusion Tél. : 05.61.00.09.99
Suisse : Transat Tél. : 23.42.77.40

AdA Inc.